NÉCESSITÉ

D'UNE

LOI MARITIME

POUR RÉGLER LES RAPPORTS

DES NEUTRES ET DES BELLIGÉRANTS

PAR

L.-B. HAUTEFEUILLE

Ancien Avocat au conseil d'Etat et à la Cour de cassation, auteur du *Traité des Droits et des Devoirs des Nations neutres en temps de guerre maritime*, de l'*Histoire du Droit international maritime*, etc., etc.

Extrait de la Revue Contemporaine
(Livraison du 31 janvier 1862)

PARIS

AUX BUREAUX DE LA *REVUE CONTEMPORAINE*
Rue du Pont-de-Lodi, 1

1862

NÉCESSITÉ

D'UNE LOI MARITIME

POUR RÉGLER

LES RAPPORTS DES NEUTRES ET DES BELLIGÉRANTS

NÉCESSITÉ

D'UNE

LOI MARITIME

POUR RÉGLER LES RAPPORTS

DES NEUTRES ET DES BELLIGÉRANTS

PAR

L.-B. HAUTEFEUILLE

Ancien Avocat au conseil d'Etat et à la Cour de cassation, auteur du *Traité des Droits et des Devoirs des Nations neutres en temps de guerre maritime*, de l'*Histoire du Droit international maritime*, etc., etc.

Extrait de la Revue Contemporaine
(Livraison du 31 janvier 1862)

PARIS

AUX BUREAUX DE LA *REVUE CONTEMPORAINE*
Rue du Pont-de-Lodi, 1

1862

NÉCESSITÉ

D'UNE LOI MARITIME

POUR RÉGLER

LES RAPPORTS DES NEUTRES ET DES BELLIGÉRANTS

Les hostilités qui ont été sur le point d'éclater entre deux puissantes nations maritimes intéressaient au plus haut degré tous les peuples commerçants et navigateurs, c'est-à-dire tous les peuples civilisés de l'univers. Aussi, devant cette perspective menaçante, l'opinion s'est-elle vivement émue. On a calculé, avec plus ou moins d'exactitude, les forces respectives des combattants et même les chances de succès de chacun d'eux. On a recherché de quel côté était le bon droit, ou du moins l'apparence de la justice, quoique le devoir absolu des nations qui veulent ne prendre aucune part aux hostilités soit de considérer la guerre comme également juste de la part des deux belligérants. Mais on s'est moins occupé du sort réservé dans un pareil conflit aux peuples qui, usant de leur indépendance, veulent rester tranquilles spectateurs de la lutte et conserver avec les deux ennemis tous leurs rapports de commerce et même d'amitié. Il est d'une grande utilité cependant de rechercher si tous les malheurs qui ont accablé ces peuples pendant les précédentes guerres maritimes peuvent ou doivent encore se renouveler, et s'il n'existe pas quelque moyen de prévenir le retour de ces calamités.

Cette question, moins urgente aujourd'hui que la crise s'est éloignée et que la paix paraît assurée sur l'Océan, n'a rien perdu de son intérêt, et mérite d'être étudiée avec le plus grand soin. Pour la traiter d'une manière complète, nous rappellerons quelle a été depuis deux siècles la position des nations neutres, toutes les fois que les grandes puissances maritimes, notamment l'Angleterre, se sont trouvées en guerre, et nous exposerons les motifs apparents et surtout les causes occultes, mais réelles, de la conduite des belligérants envers les nations pacifiques. Après avoir recherché, à l'aide des traités anciens et récents, et particulièrement de ceux qui ont été conclus par la Grande-Bretagne, quel sort est réservé aux neutres dans un conflit où cette puissance est engagée, nous indiquerons le moyen le plus efficace pour empêcher les conséquences fatales de la guerre de s'étendre sur les nations qui ne veulent pas prendre part aux hostilités. Si, dans le cours de ce travail, l'Angleterre se trouve presque toujours en cause, c'est qu'elle est depuis un siècle et demi la puissance dominante sur l'Océan ; qu'elle a été engagée dans presque toutes les guerres maritimes ; que, toutes les fois qu'elle a eu les armes à la main, elle a refusé de se conformer à la jurisprudence des autres peuples, pour s'en tenir aux usages qu'elle-même s'est créés et qu'elle appelle son droit ; enfin c'est elle qui, il y a quelques jours, a été sur le point de déclarer la guerre pour venger une insulte faite à son pavillon.

Au début de cette étude, et pour la rendre plus claire et plus rapide, il est indispensable de retracer sommairement les droits que la guerre maritime confère aux belligérants et aux neutres, les devoirs qu'elle leur impose et les conséquences qu'elle entraîne. Ces droits et ces devoirs découlent du droit des gens, primitif, naturel ou divin, c'est-à-dire de ces notions du juste et du bien que Dieu a gravées dans le cœur de tous les hommes ; ils découlent aussi du droit secondaire ou conventionnel, de la jurisprudence internationale, qui résulte des conventions expresses conclues par les différents peuples.

La guerre est un fléau, et le fléau le plus terrible dont Dieu puisse affliger l'humanité. Mais entre peuples libres et complétement indépendants les uns des autres, qui ne reconnaissent et ne peuvent reconnaître aucun pouvoir supérieur, aucun juge commun, ce fléau est une nécessité ; il est le droit suprême, la justice des nations. Lorsque la guerre se borne à protéger le bon droit, à redresser les injures, le fléau, quelque terrible qu'il soit, devient un bienfait pour les Etats qui, sans cette ressource extrême, verraient leur honneur et leur indépendance à la merci d'un rival insolent ou ambitieux. Mais la guerre doit être renfermée dans de justes limites ; elle ne doit peser que sur ceux qui la font. Chaque peuple, en vertu de son indépendance essentielle, peut choisir et embrasser le parti vers lequel il est porté, par ses sentiments ou son intérêt. Il peut ou s'allier à l'un des combattants et par conséquent devenir combattant lui-même, ou, au contraire, rester spectateur tranquille et désintéressé d'une lutte étrangère, embrasser la neutralité.

La guerre donne à celui qui la fait un droit fort important, celui de nuire à son ennemi par tous les moyens *directs* qui sont en son pouvoir. Les moyens *directs* sont ceux qui frappent l'adversaire immédiatement et sans passer par une autre voie : tels sont l'invasion, la conquête du territoire, la prise des biens meubles et autres, le blocus, le siége, l'investissement des ports, places et forteresses qui lui appartiennent, le combat proprement dit, etc., etc. Il n'est pas besoin d'ajouter que les moyens, même directs, doivent en même temps être conformes aux lois de l'humanité et aux usages des nations civilisées.

Le devoir corrélatif de ce droit si large et si absolu de la guerre est le respect le plus complet des droits et de l'indépendance des nations restées neutres, qui observent fidèlement les obligations imposées par cette qualité.

Les peuples pacifiques continuent, malgré la lutte engagée entre les belligérants, à jouir complétement de leur indépendance naturelle, caractère essentiel de la nationalité, sans lequel il n'existe plus de nation. Ils ont le droit de ne pas se ressentir des conséquences immédiates des hostilités auxquelles ils restent étrangers. Ainsi ils peuvent continuer leurs relations de commerce et même d'amitié avec les deux parties, comme en pleine paix. Cependant cet état nouveau impose aux neutres des devoirs particuliers : ils doivent s'abstenir complétement de tout acte d'immixtion aux hostilités, et garder une stricte impartialité envers les deux belligérants.

Le premier de ces devoirs défend non-seulement de donner à l'un des adversaires des secours directs et immédiats de guerre, comme des subsides, des troupes formées, des bâtiments de guerre ou de transport, mais encore de lui fournir, même par la voie commerciale, c'est-à-dire à prix d'argent, des armes, des munitions et des instruments de guerre, ce que l'on désigne ordinairement sous le nom de contrebande de guerre.

L'impartialité consiste à traiter les deux belligérants de la même manière et avec une parfaite égalité dans tout ce qui concerne les relations d'Etat à Etat. Ainsi, lorsqu'un peuple pacifique accueille dans ses ports les vaisseaux de guerre de l'une des parties, lorsqu'il leur accorde ce que l'on appelle l'asile, il doit également recevoir ceux de l'autre partie et leur faire la même réception [1]. Cette obli-

---

[1] Sur l'étendue et les limites du devoir d'impartialité et sur le droit d'asile, voir notre *Traité des droits et des devoirs des nations neutres,* t. ler, p. 281 et 344, 2e édition. Paris, 1858.

gation existe tout entière, alors même que, par des traités antérieurs à la guerre, le neutre aurait consenti à accorder l'asile aux bâtiments de l'une des parties, et qu'il n'aurait contracté aucun engagement de cette nature avec l'autre. Elle existe et doit être exécutée, malgré les conventions signées par le neutre et l'un des belligérants, stipulant pour ce dernier un accueil plus favorable que celui réservé à son adversaire [1]. Mais ce dernier devoir ne s'étend pas jusqu'à contraindre le neutre à entretenir avec les deux adversaires les mêmes relations de commerce ou d'amitié, dans la même mesure et aux mêmes conditions. Sous ce rapport, et pour tout ce qui concerne les actes des sujets entre eux, l'indépendance de la nation pacifique reste entière : elle peut suivre son intérêt ou ses sympathies sans violer ses obligations.

La guerre ne doit frapper que les belligérants ; elle doit respecter complétement les neutres ; ils ne peuvent pas souffrir des conséquences immédiates de l'état de choses violent auquel ils ne prennent aucune part. Il est impossible que ces peuples ne ressentent pas quelques effets du fléau, tels que la diminution du commerce, l'interdiction de certains trafics (contrebande de guerre) et de certaines relations (blocus), mais ces effets sont indirects et médiats ; ils ne peuvent être évités.

Cette limitation des ravages de la guerre est assez aisée sur terre. Pour léser le neutre d'une manière directe, il faudrait que le belligérant franchît la frontière et entrât sur le territoire inviolable, acte souvent difficile et toujours dangereux, qui attirerait immédiatement toutes les forces de l'offensé, et souvent celles de ses voisins, contre le coupable. Au XIXe siècle, il ne peut plus être question du prétendu droit de passage des troupes sur le sol neutre, ni du droit plus exorbitant de s'emparer des places fortes des peuples pacifiques.

Sur l'Océan, il est beaucoup plus difficile de renfermer les hostilités dans les limites exactes qu'elles ne doivent pas franchir. La mer est commune à tous les peuples, sans appartenir à aucun ; tous la parcourent en tous sens et s'y rencontrent sans cesse, le belligérant pour y poursuivre son adversaire, le neutre pour continuer son commerce pacifique. Ces rencontres entre l'homme armé et celui qui ne l'est pas, sur un espace ouvert, où il ne se trouve aucune protection permanente, peuvent devenir dangereuses pour le dernier surtout, comme la suite l'établira, lorsque le belligérant est un peuple puissant sur mer.

---

[1] Un grand nombre de traités ont consacré cette inégalité de traitement : il suffira de citer celui de 1794-1795, entre l'Angleterre et les Etats-Unis ; celui de 1786, entre la France et l'Angleterre, et celui de 1810, entre l'Angleterre et le Portugal. Sur cette clause et sur les dangers qu'elle présente, voir l'ouvrage cité dans la note précédente, t. I, p. 353.

Dans les guerres sur terre, le droit de nuire à l'ennemi ne rencontre dans son exercice aucune difficulté par rapport aux neutres ; il n'en est pas de même sur mer. Un des moyens les plus efficaces de nuire à l'adversaire est certainement de s'emparer des navires qui lui appartiennent ; mais, pour les prendre, il faut les reconnaître, et comment pourra-t-on distinguer la nationalité d'un bâtiment sur l'Océan ? Le pavillon commercial ne saurait fournir une preuve satisfaisante ; depuis un temps immémorial, on a cessé d'y ajouter foi. S'il fallait s'en rapporter à ce signe, aujourd'hui sans valeur, il suffirait à un ennemi d'arborer des couleurs mensongères pour échapper à tout danger, et le droit du belligérant se trouverait paralysé. Pour obvier à ce grave inconvénient, la loi secondaire a donné aux croiseurs des nations en guerre un droit très important, presque exorbitant, celui de visiter tous les navires de commerce qu'ils aperçoivent à la haute mer, quel que soit le pavillon que portent ces navires, pour s'assurer s'ils appartiennent réellement au peuple sous la protection duquel ils se sont placés.

D'un autre côté, un bâtiment appartenant réellement à une nation neutre peut avoir été frété par le gouvernement ennemi du croiseur, pour faire un service de guerre, tel que le transport des troupes, des munitions et attirails des armées. Il peut même avoir violé son devoir de neutralité en se chargeant, pour les porter chez cet ennemi, d'armes, de munitions et d'instruments de guerre. Dans le premier cas, il a perdu sa nationalité, il est passé au service du belligérant, et doit être traité comme tel, c'est-à-dire confisqué avec tout ce qu'il porte ; dans le second, il continue à appartenir à son pays ; mais il a violé les devoirs de la neutralité, et tous les objets de contrebande qu'il porte sont soumis à la prise. Comment le bâtiment armé qui rencontre un neutre coupable de l'une de ces deux infractions à ses devoirs pourra-t-il le reconnaître ? Pour faciliter, pour assurer l'exercice de son *droit*, la loi secondaire étend le pouvoir du croiseur jusqu'à examiner la nature de la cargaison.

Ainsi donc le belligérant peut visiter tous les navires marchands qu'il rencontre pour vérifier leur nationalité et pour s'assurer, lorsqu'ils se dirigent vers un port de son ennemi, qu'ils n'ont pas violé les devoirs de la neutralité. Mais en armant le croiseur d'un pouvoir aussi grave, la loi internationale a réglé avec le plus grand soin le double but et le mode d'exercice de ce droit, afin qu'il ne porte pas atteinte à l'indépendance des peuples pacifiques en prenant le caractère d'un droit juridictionnel. Le but est de vérifier si le navire appartient réellement à une nation neutre, si, neutre par son pays, il n'a pas enfreint ses devoirs. Cette vérification doit être faite par les papiers de bord et sur les papiers de bord seulement. Tout autre mode d'exercice, toute espèce de recherches matérielles sont expressément interdits. Les bâtiments de guerre n'ont jamais été soumis à la visite ; il en est de même des navires de commerce, escortés par un vaisseau de guerre. L'Angleterre seule n'a jamais voulu reconnaître ce dernier point.

La guerre, nous l'avons dit, est un fléau ; elle pèse sur les peuples qui la font par ses effets directs, les conquêtes, les pertes d'hommes, les dépenses, et surtout par les conséquences qu'elle entraîne. Ces conséquences, dont on ne se rend pas toujours compte, sont beaucoup plus graves que les effets immédiats. Ceux-ci frappent la nation et les citoyens à l'instant même où ils se produisent ; mais les ravages qu'ils font sont faciles à réparer. Celles-là, au contraire, épuisent les sources mêmes de la prospérité publique et privée, et se font ressentir longtemps encore après que la paix a succédé à la guerre. Ces suites terribles ne doivent jamais être ressenties par les neutres ; elles doivent peser exclusivement sur les belligérants eux-mêmes. Nous ne parlons ici que de la guerre maritime. Quelles sont ses conséquences immédiates ? Pour les rendre plus frappantes, prenons comme exemple la nation la plus puissante sur mer, l'Angleterre, et supposons qu'elle respecte les traités et remplisse exactement tous ses devoirs envers les peuples pacifiques.

La Grande-Bretagne entre en guerre avec une autre nation maritime ; dès ce moment, les navires de ses sujets sont soumis à la capture. Quelque nombreuse que soit sa flotte, elle ne saurait empêcher que des croiseurs isolés, que des corsaires, si l'usage en est autorisé, comme cela aurait lieu dans le cas d'hostilités contre l'Amérique du Nord, courent les mers et enlèvent quelques-uns de ses nombreux bâtiments marchands. Cette prise est un des effets directs de la guerre ; mais voici quelle sera la conséquence. La navigation anglaise aura perdu sa sécurité. Le taux des assurances sera augmenté. Les chargeurs étrangers, qui ont l'habitude de se servir des navires anglais, et qui fournissent presque seuls les cargaisons de retour, chercheront une voie plus sûre et adopteront volontiers celle que leur offriront les navires des peuples neutres, assurés de ne pas être inquiétés lorsqu'ils remplissent leurs devoirs. Les citoyens anglais eux-mêmes trouveront dans ces transports pacifiques un moyen d'échapper à tous les risques de guerre. Ainsi le commerce de fret, que l'on appelle ordinairement commerce d'économie, sera annihilé ; les chargements de retour deviendront de plus en plus difficiles. Ces deux éléments si importants de la prospérité maritime seront perdus, ou du moins beaucoup amoindris. Un grand nombre de navires resteront donc sans emploi, désarmés, et si la crise se prolonge, ils pourriront dans les bassins : les constructeurs,

les armateurs et tous les intéressés à la grande industrie de la mer
seront réduits à l'inaction et, par conséquent, soumis à de graves
pertes; les capitaux chercheront un emploi plus sûr ou plus fruc-
tueux, et les hommes eux-mêmes, ouvriers et matelots, privés de
leurs travaux ordinaires, seront réduits à demander des moyens de
subsistance à des occupations étrangères. L'Angleterre, quelque
puissante qu'elle soit, souffrirait énormément de ces conséquences,
si la guerre était de longue durée. Mais les nations moins fortes ne
pourraient traverser de semblables épreuves sans voir leur marine
commerciale complétement anéantie.

Le mal ne s'arrête pas même avec la guerre ; il se prolonge encore
longtemps après la cessation des hostilités. Une marine une fois dé-
truite par suite de circonstances semblables demande de longues années pour pouvoir se relever. Les armateurs et les propriétaires,
ruinés par l'inaction ou par la perte de leurs capitaux, ne peuvent
immédiatement remettre des navires à la mer ; les constructeurs ha-
biles n'existent plus, ou sont allés porter leur industrie dans des
pays plus florissants ; les matelots eux-mêmes ont pris d'autres habitudes ; il faut en former de nouveaux. D'un autre côté, le commerce
s'est détourné de ses voies anciennes ; il en a choisi de nouvelles,
qu'il est souvent difficile de lui faire abandonner. Les marchés ont été
envahis par des concurrents intéressés à les conserver. Il faut souvent un temps très long pour faire disparaître les terribles conséquences que la guerre maritime doit entraîner pour les peuples
belligérants. Mais il est arrivé trop souvent que la nation la plus
puissante, abusant de ses forces, a su rejeter sur les peuples pacifiques les malheurs qu'elle aurait dû supporter seule.

Les droits et les devoirs des belligérants et des neutres sont clairement tracés par la loi primitive et aussi par la loi secondaire.
Les premiers ont à l'égard des autres le droit de visite, pour s'op-
poser à la contrebande et aux actes d'immixtion ; les seconds, en
remplissant leurs devoirs, doivent ne se ressentir en rien des conséquences immédiates de la guerre.

Si les belligérants et les neutres remplissaient exactement leurs
devoirs respectifs, il serait facile de renfermer les maux de la guerre
sur mer dans les limites qu'ils ne devraient jamais franchir. Mal-
heureusement, il n'en est pas ainsi. Depuis plus de deux cents ans,
toutes les fois que la puissance dominante sur mer s'est trouvée
engagée dans des hostilités, elle a fait la guerre aux peuples pacifiques autant qu'à son adversaire. L'Espagne, la Hollande, la France
même, pendant le temps assez court où elles ont été en possession
de la prépondérance maritime, ont tour à tour été coupables de
graves abus de force. Ce fut la Hollande qui, dès 1584, inventa

les blocus sur papier, ou blocus fictifs. Depuis cent cinquante ans qu'elle occupe le premier rang sur l'Océan, la Grande-Bretagne a suivi le même système, mais en le développant à son profit, de telle sorte que, chaque fois qu'elle se trouve en guerre, la position des peuples neutres devient plus précaire, plus dangereuse que celle même de l'ennemi. Quelle peut être la cause de cette anomalie? L'histoire nous l'apprend. D'après la loi internationale, le droit du belligérant est de nuire à son ennemi par tous les moyens directs ; son devoir est de respecter l'indépendance du neutre. Ce dernier, en conservant sa pleine liberté, doit remplir les deux devoirs de non-immixtion et d'impartialié. Comment l'Angleterre a-t-elle appliqué ces principes ?

La contrebande de guerre est parfaitement définie et limitée par la loi secondaire. La prohibition ne s'étend qu'aux armes, munitions et instruments de guerre, essentiellement et exclusivement préparés pour la guerre, et pouvant être employés à cet usage, sans avoir à subir aucune transformation, aucune préparation nouvelle. Tel est l'esprit de la plupart des conventions intervenues entre les peuples navigateurs depuis plus d'un siècle et demi. Plusieurs de ces actes ont été signés par la Grande-Bretagne elle-même, notamment le traité d'Utrecht 1713 et ceux de 1783 et 1786. Mais dès qu'elle est en guerre, cette puissance étend beaucoup le catalogue des marchandises de contrebande : elle y comprend tous les bois, fers, chanvres, goudrons, etc., propres à la construction et au radoub des bâtiments de mer, que l'on désigne ordinairement sous le nom de *munitions navales*, les blés, farines et autres denrées alimentaires, les métaux précieux en masse ou monnayés, et toutes les denrées dont elle prétend vouloir priver son ennemi. La prohibition a été étendue à tous les objets et marchandises du cru ou de la fabrique de l'ennemi. Il a été défendu aux neutres de faire le commerce, même entre eux, de transporter, même dans les ports de leurs propres pays, des produits du sol de l'adversaire. Les commerces nouveaux, c'est-à-dire ceux qu'ils ne faisaient pas en temps de paix, ont été interdits aux navigateurs pacifiques.

Le droit de blocus a reçu aussi des extensions complétement contraires aux principes les plus fondamentaux de la loi des nations. Le blocus n'est autre chose que la conquête faite par un belligérant du territoire maritime de son ennemi, à l'entour de la place ou du port qu'il veut fermer au commerce. Maître de cette partie des possessions de l'adversaire, il y dicte des lois qui doivent être respectées par tous les étrangers. Mais pour qu'il y ait conquête, il est indispensable qu'il y ait prise de possession d'abord, puis occupation permanente. C'est par cette raison que l'on dit que le blocus doit être réel et effectif.

L'Angleterre n'a jamais voulu admettre ces principes dans la pratique. Dès qu'elle est en guerre, elle proclame le blocus de tels ou tels ports du littoral ennemi, ou de toutes les côtes ; on l'a vue même prétendre que les côtes de France étaient naturellement bloquées, par leur position géographique à l'égard des côtes d'Angleterre. La proclamation est notifiée aux nations pacifiques, qui dès lors doivent s'abstenir de tout commerce avec les lieux ainsi mis en interdit. C'est ce que l'on a appelé le *blocus sur papier*. Le belligérant ne se met d'ailleurs pas en peine d'envoyer un seul bâtiment pour maintenir le prétendu investissement. La proclamation de blocus ne suffirait pas sans doute pour empêcher les navigateurs neutres d'entrer dans les ports déclarés fermés ou d'en sortir ; mais pour assurer l'efficacité de cette mesure, on a inventé deux droits qui ne sont pas moins exorbitants, le droit de prévention et le droit de suite.

En vertu du premier, le belligérant s'attribue le pouvoir de saisir et de confisquer tout navire neutre rencontré à la mer, se dirigeant vers le lieu dont le blocus a été dénoncé, et ce à quelque distance qu'il soit de ce lieu. Ainsi, le port de la Nouvelle-Orléans étant déclaré bloqué, un croiseur belligérant rencontre, dans la Baltique, un navire neutre faisant voile pour cette destination, il l'arrête et le fait déclarer de bonne prise, avec toute sa cargaison, comme coupable de violation du blocus qui n'a jamais existé réellement, et qui, eût-il même existé pendant un temps, pouvait être levé au moment de la saisie du navire neutre ou du moins au temps de son arrivée. Un chiffon de papier remplace donc les bâtiments qui, après avoir fait la conquête de la mer voisine du territoire ennemi, devaient maintenir cette conquête par une occupation permanente.

Le droit de suite a beaucoup d'analogie avec celui de prévention. Tout navire sorti d'un port *déclaré bloqué* est en *flagrant délit* de violation de blocus, pendant toute la durée de son voyage et jusqu'à ce qu'il ait atteint son lieu de destination. Peu importe qu'il ait été aperçu ou non au moment de la sortie du port ; peu importe qu'il y ait ou non des bâtiments de guerre chargés de former le blocus ; s'il rencontre un croiseur, il sera pris et confisqué avec son chargement. Ainsi, le port du Havre est bloqué par déclaration ; un navire neutre, russe par exemple, en sort à destination de Calcutta ; il est rencontré dans la mer des Indes, par un croiseur ennemi de la France ; il est arrêté et confisqué comme étant en flagrant délit de violation du blocus du Havre.

Avec ces deux prétendus droits, appuyés par de nombreux croi-

seurs, une nation puissante peut rendre efficace, sinon contre son
ennemi du moins contre les neutres, un blocus sur papier. Il serait
trop long de donner ici la définition de toutes les variétés de blocus fictifs inventées par les belligérants et d'énumérer tous les
avantages que présentent les prétendus droits de prévention et de
suite à la nation qui est assez puissante sur mer pour les faire pré-
valoir ; il suffira de parler du blocus par croisière dont les Etats-Unis
du Nord ont fait et font encore usage dans leur querelle avec les confédérés du Sud. Il consiste à envoyer un ou plusieurs bâtiments
croiser au large d'une côte préalablement déclarée bloquée. Tous les
navires neutres rencontrés se dirigeant vers cette côte ou la quittant
sont arrêtés et confisqués comme ayant violé un blocus. De cette
manière, un aviso avec deux canons peut maintenir l'investissement
d'un littoral de cent ou deux cents lieues.

Les nations puissantes ont également étendu hors de ses limites,
ou plutôt complétement dénaturé le droit de visite. Ce droit, créé
par la loi secondaire en faveur du belligérant, consiste à pouvoir
visiter tous les navires marchands rencontrés, pour vérifier s'ils
sont neutres ou ennemis, et lorsque la neutralité a été constatée et
que le bâtiment se dirige vers un port de l'adversaire, pour s'assurer s'il porte des marchandises de contrebande. Dans les deux cas,
les papiers émanés de l'autorité neutre doivent faire foi pleine et
entière. Les formes de la visite ont été réglées par la loi internationale d'une manière si simple et si rationnelle, qu'elles enlèvent à
ce droit tout caractère blessant pour le souverain pacifique ; mal-
heureusement elles sont rarement observées par le belligérant assez
fort pour les violer impunément. Le visiteur arrivé à bord ne se contente pas de l'énoncé des papiers, il ouvre ou fait ouvrir les cof-
fres et les armoires pour rechercher s'il ne s'y trouve pas quelques
pièces suspectes. Lorsque la nationalité a été constatée, il continue
les recherches pour ce qui concerne la destination et la nature du
chargement. Il ouvre les écoutilles, pénètre dans la calle, bouleverse
la cargaison, rompt ou brise les colis et fait subir à l'équipage et
aux officiers un interrogatoire quasi juridique, sans épargner même
les mauvais traitements. Puis, sur une parole d'un homme souvent
effrayé ou ivre, interprétée par un individu qui, la plupart du temps,
entend à peine ou même n'entend pas du tout la langue du neutre,
le navire est arrêté, saisi et conduit dans un port du belligérant pour
y être jugé par un tribunal d'amirauté appartenant à la nation qui a
opéré la saisie. On a été plus loin. Si la visite légitime, les recherches
dans les papiers, dans la cargaison, l'interrogatoire même n'ont donné
aucun prétexte pour saisir le navire visité, il suffit, pour motiver
l'arrestation de ce bâtiment, que le croiseur ait des *soupçons* sur la

sincérité de ce qu'il a vérifié avec tant de soin, et il faut bien remarquer que la visite des neutres est confiée aux corsaires, c'est-à-dire à des hommes que l'amour du gain seul a poussés à prendre les armes, et qui trouvent beaucoup plus commode d'enlever un navire neutre désarmé que de combattre un ennemi armé. Lorsqu'il s'agit de courir la chance de se faire adjuger une prise, quel est le corsaire qui n'aura pas de soupçons? Si le neutre est condamné, il en profite ; si, au contraire, il est reconnu innocent et mis en liberté, le corsaire en est quitte pour voir échapper sa proie.

Le principe que le pavillon neutre protége toutes les marchandises qu'il couvre est admis par toutes les nations du monde. L'Angleterre elle-même l'a reconnu et proclamé antérieurement au XIXe siècle, dans dix traités conclus avec la France, l'Espagne, la Hollande et le Portugal. Cependant, toutes les fois qu'elle s'est trouvée engagée dans des hostilités, elle est revenue à sa maxime favorite : la propriété ennemie est confiscable sur le navire neutre. Non contente d'enlever la marchandise de l'ennemi, elle a déclaré que le navire neutre coupable du crime d'avoir favorisé le commerce de l'adversaire, c'est-à-dire en réalité d'avoir usé de son indépendance et de sa liberté, serait soumis à la confiscation, ainsi que toute la cargaison, même les marchandises appartenant aux neutres. Elle agissait ainsi pendant la guerre, et au rétablissement de la paix elle proclamait de nouveau que le pavillon couvre la propriété ennemie.

A toutes ces causes de saisie et de confiscation déjà si nombreuses, si arbitraires, on en ajouta beaucoup d'autres plus tyranniques encore et relatives au mode de justification de la nationalité. Enfin, en 1807, la Grande-Bretagne alla jusqu'à déclarer soumis à la confiscation tout navire neutre coupable de naviguer sur les mers, c'est-à-dire sur le domaine commun à tous les hommes, sans être muni d'un passeport anglais, acheté dans un port anglais au prix qu'il lui avait convenu de fixer. La France, de son côté, par le décret de Milan, 17 décembre 1807, déclara dénationalisé, et par conséquent confiscable le bâtiment neutre porteur d'un passeport anglais [1]. De telle sorte que les navigateurs se trouvaient dans la position terrible d'être capturés par les Anglais s'ils n'obéissaient pas aux ordres du conseil britannique, ou de l'être par les Français s'ils s'y soumettaient. Il est vrai qu'à cette époque notre marine était loin de pouvoir assurer l'exécution du décret de Milan.

Ainsi les peuples pacifiques qui ont le droit parfait de commercer entre eux librement et sans aucune restriction, et avec les deux

---

[1] Voir l'ordre du conseil britannique, du 11 novembre 1807 (*Gazette de Londres*, du 14 novembre 1807), et *Mémoires sur les principes de la neutralité*, 1812, p. 151, pièce no 41.

parties en guerre, à la seule condition de ne pas porter des objets de contrebande, se trouvaient réduits à ne pouvoir plus faire avec sécurité aucun commerce. L'extension arbitraire de la liste des marchandises prohibées, le blocus fictif escorté des prétendus droits de prévention et de suite, la confiscation de la propriété ennemie, et même du navire qui la porte, celle des marchandises du cru ou de la fabrique de l'adversaire, la visite, les recherches, les arrestations sur soupçons, les exigences excessives pour la justification de la nationalité, et enfin l'exécution de toutes ces mesures confiées à des hommes avides, toujours soutenus par leur gouvernement dans les plus graves abus qu'ils commettaient, rendaient la navigation neutre presque absolument impossible. L'Océan était réellement devenu le domaine privé du belligérant le plus fort.

Pour justifier, ou plutôt pour motiver leur conduite à l'égard des neutres, les belligérants s'appuient, en général, sur le droit qu'ils ont de nuire à leur ennemi par *tous les moyens* qui sont en leur pouvoir. Ils ne font aucune distinction entre les moyens directs et les moyens indirects. Les blocus fictifs, l'extension de la contrebande et toutes les mesures prises contre la navigation neutre pouvant nuire à cet adversaire, peuvent donc être employés. Ce raisonnement n'a pas besoin de réfutation : cependant on doit remarquer que si les belligérants ont le droit de se nuire mutuellement, les peuples pacifiques ont, de leur côté, le droit de conserver leur indépendance ; si donc on adopte le prétexte donné, il en résulte que chaque guerre maritime devient universelle, et que tous les peuples, attaqués dans leur indépendance, sont autorisés à recourir aux armes pour ne pas subir le joug des belligérants.

Ainsi par exemple, l'Angleterre était sur le point de déclarer la guerre aux Etats-Unis d'Amérique pour obtenir réparation d'une insulte grave faite à son pavillon, insulte qui n'est autre chose qu'un abus du droit de visite combiné avec une extension de la contrebande de guerre : si les hostilités s'étaient engagées, l'Angleterre aurait-elle eu le droit de faire subir au Danemark, à la Russie, à la France, restés neutres, les exigences qu'elle-même repoussait par la guerre ? Evidemment non ; ou alors ces puissances auraient eu à leur tour le droit et le devoir de demander une juste satisfaction et de recourir à la force pour l'obtenir. D'ailleurs, au moment de la visite du *Trent* par le *San-Jacinto*, les Américains étaient belligérants et reconnus comme tels par tous les peuples ; la Grande-Bretagne était neutre ; elle avait elle-même proclamé sa neutralité ; si on admet le prétexte mis en avant pour justifier l'oppression des neutres, l'Amérique avait le droit de l'invoquer. Elle savait nuire à son ennemi en enlevant MM. Mason et Slidell : elle avait le droit de les enlever, et l'Angleterre devait le souffrir sans se plaindre ; il ne lui avait été fait aucune injure. Le prétexte qui donne lieu à de pareils abus doit donc être repoussé.

Les divers points de contact qui existent entre le neutre et le belligérant, la visite, la contrebande, le blocus, le privilége du pavillon neutre de couvrir la cargaison, étaient de nature à faire naître de nombreux conflits, mais ils ont été réglés avec soin par la loi secondaire. Par conséquent, ils ne peuvent donner lieu aux abus de la force reprochés aux nations en guerre. On peut l'affirmer avec d'autant plus de certitude, que ces abus ne sont jamais commis par les peuples secondaires, engagés dans les hostilités ; et que les puissances prépondérantes qui les commettent lorsqu'elles ont les armes à la main, les prohibent de toutes leurs forces lorsqu'elles sont neutres. En 1710, le gouvernement danois, en guerre avec la Suède, voulut élargir le cercle de la contrebande et y comprendre les blés, les farines et les autres denrées alimentaires ; mais l'Angleterre, qui souvent avait employé ce procédé, s'y opposa et força le roi Frédéric IV à retirer son règlement.

Les causes alléguées par les belligérants pour justifier la violation des principes du droit maritime ne peuvent donc soutenir le plus léger examen ; elles n'existent pas ; leurs motifs réels, vainement dissimulés, ont été révélés par l'histoire ; ils ne sont aujourd'hui un secret pour personne. Ces motifs sont : l'ambition, le désir de faire retomber sur les peuples neutres les conséquences immédiates de la guerre ; la jalousie commerciale. Plusieurs fois, mais surtout au commencement de ce siècle, alors que sa prépondérance maritime était sans contre-poids, l'Angleterre a laissé voir le premier mobile qui dictait sa conduite. Elle a proclamé elle-même, dans ses ordres du conseil, ses vues ambitieuses. Nation belligérante, elle persécutait et détruisait les marines neutres pour « conserver cette puissance maritime que, par les faveurs spéciales de la Providence, elle tient de la valeur de son peuple » (*ordre du conseil du* 19 *novembre* 1807), puissance qu'elle déclarait essentielle au bonheur et à l'indépendance du genre humain.

Les effets de la guerre, on le sait, sont terribles pour les nations qui la font, si, comme il est juste, ils retombent exclusivement sur elles. Mais les belligérants, lorsqu'ils se sont trouvés assez puissants pour ne pas redouter la vengeance des neutres, sont parvenus à rejeter sur ceux-ci les résultats désastreux des hostilités justes ou injustes dans lesquelles ils étaient engagés.

La première, la plus terrible des conséquences immédiates de la guerre, est la ruine ou du moins, pour les peuples très puissants, l'amoindrissement de la marine marchande et du trafic maritime,

La sécurité relativement plus grande dont doivent jouir les navires neutres attire à eux tous les transports, même ceux des sujets de la nation en guerre. En détruisant cette sécurité, les belligérants conservaient à leurs sujets le commerce de transport ; en rendant la navigation des peuples pacifiques plus dangereuse que celle de leurs propres nationaux, ils arrivaient infailliblement à attirer dans leurs ports et sur leurs bâtiments tout le commerce que faisaient, en temps ordinaire, les peuples restés neutres, et, par conséquent, à ruiner la marine et l'industrie de ces peuples. C'est ce qu'ont fait les belligérants puissants. En même temps qu'ils protégeaient, comme ils en ont le devoir et le droit, le plus efficacement possible les navires de leurs sujets, ils multipliaient à l'infini les cas de saisie et de confiscation complète des navires neutres. En un mot, ils renversaient complétement la question. Les conséquences les plus fâcheuses de la guerre, au lieu de peser exclusivement sur ceux qui l'avaient provoquée, retombaient sur les peuples qui auraient dû en être complétement garantis.

Bientôt il ne suffit pas à la nation dominante et armée de détourner de son commerce les conséquences immédiates de la guerre, de conserver à sa marine commerciale tous les avantages qu'elle avait pendant la paix ; elle voulut que la guerre devînt, pour elle-même, un moyen d'accroître son commerce et sa marine, d'amoindrir, de ruiner, d'anéantir des concurrents incommodes même en temps de paix. La jalousie mercantile se joignit à l'ambition. On multiplia toutes les entraves mises au commerce des neutres, à ce point qu'il leur fut impossible de faire, pendant la durée des hostilités, les opérations les plus licites. De cette manière, tous les navires pacifiques qui persistaient à prendre la mer étaient saisis et confisqués ou du moins arrêtés, conduits dans un port étranger, détenus pendant des mois, en attendant un jugement, inique le plus souvent, et qui, alors même qu'il leur rendait la liberté, ne la leur rendait que lorsqu'ils étaient ruinés par les frais et les lenteurs de la procédure, par un séjour prolongé dans un pays étranger. Les autres bâtiments, n'osant pas affronter de pareils risques, restèrent désarmés dans les ports, et ruinèrent par leur inactivité même leurs propriétaires. Les capitaux furent perdus ou compromis, la marine des peuples neutres fut anéantie, et, lorsque vint la paix, le peuple qui avait fait de sa force cet habile et terrible usage se trouva seul maître du commerce du monde ; il n'avait plus de concurrents. Sa politique peu scrupuleuse lui avait donné le monopole de l'univers.

Les motifs de la conduite des belligérants puissants, tels qu'ils viennent d'être indiqués, ne sauraient être contestés. L'histoire en fournit les preuves les plus positives. Toutes les persécutions que ces tyrans des mers font subir aux neutres ne peuvent atteindre que très indirectement l'ennemi. Le blocus fictif, par exemple, frappe bien légèrement l'adversaire en comparaison du tort fait au neutre. Il arrive même qu'il a pour but exclusif d'assurer au belligérant le commerce qu'il enlève aux nations pacifiques. Ainsi, en 1805, la Grande-Bretagne, avait déclaré le blocus des colonies françaises; les navires neutres étaient donc exclus de ces établissements. Cependant, malgré le blocus, la puissance belligérante autorisa ses propres sujets à faire le commerce avec les îles françaises et permit même aux colons français d'écouler leurs produits dans ses possessions voisines. mais exclusivement dans ses possessions. Évidemment, le blocus n'avait pour but et pour résultat que de priver les neutres d'un commerce avantageux, et de l'assurer aux navigateurs anglais; cette mesure ne nuisait en rien à l'ennemi.

En 1807, le blocus fictif avait été mis sur toutes les côtes de la France et de ses colonies, sur toutes les côtes des alliés de la France et de leurs possessions, sur toutes les côtes des puissances assez soumises à l'influence de la France pour participer au blocus continental. Plus de la moitié de l'Europe était donc interdite au commerce des neutres. Cette mesure importait essentiellement « au maintien des droits de la Grande-Bretagne et même à son salut. » Tout navire neutre qui tentait de la violer, en quelque endroit qu'il fût rencontré, devait être saisi et confisqué. Ces menaces étaient exécutées avec la plus grande rigueur. Cependant le commerce des pays non ennemis de l'Angleterre, mais bloqués à cause de leur soumission à la France, était fait par les Anglais eux-mêmes, au moyen de licences accordées par les autorités britanniques. Dans une seule année, seize mille licences de cette nature furent délivrées. En 1811, on en donna encore huit mille [1]. Ainsi, le commerce qui, d'après l'avis du conseil britannique, était si dangereux pour le salut de la Grande-Bretagne lorsqu'il était fait par les peuples pacifiques devenait au contraire très utile lorsqu'il était le partage exclusif des sujets du belligérant. Un pareil blocus, en faisant peu de mal à l'ennemi, portait un coup terrible au trafic des neutres; il atteignait parfaitement le but de l'Angleterre, dont le commerce maritime était ainsi plus florissant pendant la durée des hostilités qu'il ne l'avait été avant le commencement de la guerre.

Les faits qui viennent d'être rappelés peuvent-ils se reproduire de nos jours? L'Angleterre voudrait-elle faire revivre les prétentions qu'elle a si longtemps soutenues?

---

[1] Sur le régime des licences et tous les excès commis à cette époque par les belligérants, voir Klüber, *Droit des gens modernes de l'Europe*, t. II, p. 144, n° 315

La réponse serait facile si nous nous en tenions à nos souvenirs historiques ; mais il vaut mieux laisser de côté un passé trop sombre et examiner l'avenir avec de meilleures espérances. Des faits très importants se sont produits depuis quelques années ; le droit international maritime semble entrer dans une nouvelle phase. Sans doute les peuples ne possèdent pas encore ce code complet et uniforme, désiré depuis si longtemps ; mais la déclaration du 16 avril 1856, délibérée par sept puissances, au nombre desquelles était l'Angleterre, acceptée ensuite par toutes les nations, à l'exception de deux seulement (l'Espagne et les Etats-Unis d'Amérique), a introduit quelques modifications dont l'influence peut être très grande, si elle est sincèrement et loyalement secondée par les grandes puissances maritimes. C'est donc au point de vue de ce document, à l'aide des faits, peu nombreux encore, accomplis depuis sa promulgation, et aussi des dispositions déjà manifestées par la Grande-Bretagne, qu'il importe de chercher la solution de la question posée.

La déclaration de Paris du 16 avril 1856 n'a pas le caractère d'un traité proprement dit ; c'est l'acte de reconnaissance de certains principes de droit. Elle ne doit donc subir aucune altération, aucune suspension par le fait de la guerre ; elle oblige même les nations qui pourraient devenir belligérantes ; enfin elle est perpétuelle et ne doit cesser d'exister qu'après avoir été dénoncée par une des parties, ou violée. Il est en effet évident que tous les principes qu'elle contient sont solidaires et que la violation d'un seul entraine l'annulation de tous les autres.

Cet acte important contient quatre propositions : la course est et demeure abolie ; le pavillon neutre couvre la marchandise ennemie, à l'exception de la contrebande de guerre ; la marchandise neutre, à l'exception de la contrebande de guerre, n'est pas saisissable sous pavillon ennemi ; les blocus, pour être obligatoires, doivent être effectifs, c'est-à-dire maintenus par une force suffisante pour interdire réellement l'accès du littoral de l'ennemi.

Il faut d'abord remarquer que ce document ne donne aucune définition de ce que l'on doit entendre par contrebande de guerre ; il ne parle ni de la visite ni des autres prétentions élevées à l'encontre des neutres, par les belligérants. Sur les quatre propositions énoncées, deux au moins, celles relatives à l'abolition de la course et au blocus, sont incomplètes, et peuvent par conséquent donner lieu à des difficultés.

Dans le cas où la guerre eût éclaté entre l'Angleterre et les Etats-Unis du Nord, comment les belligérants auraient-ils déterminé la contrebande de guerre ? A l'égard de la France, il existe un traité ancien (1786) qui contient sur ce point les stipulations les plus complètes et les plus libérales. Il limite la prohibition aux armes, munitions et instruments de guerre. Mais ce traité est périmé depuis longtemps ; il a été déchiré par plusieurs guerres ; enfin il n'a jamais été ni remis en vigueur, ni même rappelé dans les conventions subséquentes. Doit-il être considéré comme encore existant ? Dans l'usage des nations, il est reconnu que les traités anciens, se rapportant à des principes reconnus par la jurisprudence internationale, même périmés, doivent continuer à régler les rapports des parties, tant qu'ils n'ont pas été formellement abrogés ou remplacés par d'autres stipulations spéciales sur le même sujet. L'Angleterre se conformera sans doute à cet usage. Le traité de 1786 servira de règle entre elle et la France, pour la contrebande de guerre.

En appliquant le même système aux autres peuples, on arrive à ce résultat, que la contrebande de guerre sera différente avec les diverses nations. Ainsi, avec la Suède, le traité de 1803 comprend dans la prohibition les munitions navales et même admet la contrebande *par accident*, c'est-à-dire la prohibition du commerce des articles qu'il plaît au belligérant de frapper de cette espèce d'interdit. Seulement, dans ce dernier cas, il n'y a pas lieu à confiscation de ces objets spéciaux, mais seulement à la détention et au droit de préemption.

A l'égard du Danemark, la convention de 1780, qui range les munitions navales dans la classe de la contrebande, serait exécutée. Il en serait ainsi avec toutes les autres puissances, de telle sorte que la contrebande varierait presqu'avec chaque peuple.

Mais, d'un autre côté, l'Angleterre a sa propre jurisprudence, qui prohibe les blés, farines et autres denrées alimentaires, ainsi que les métaux précieux et les munitions navales, qui admet la *contrebande par accident*, et même avec la confiscation. Il peut arriver qu'elle refuse l'application de traités périmés ou anéantis par la guerre, pour suivre et faire appliquer ses propres usages aux navigateurs neutres. Dans ce cas, qui n'est plus, il est vrai, qu'une hypothèse éloignée, ceux-ci se trouveraient dans la fâcheuse position de 1806 à 1814, c'est-à-dire qu'ils seraient à la merci d'un belligérant tout-puissant sur l'Océan.

L'exercice du droit de visite soulève les mêmes difficultés. Il est réglé, il est vrai, d'une manière uniforme par tous les traités. On pourrait dire qu'il existe sur ce point une jurisprudence bien établie. A l'égard de la France, de l'Espagne et de plusieurs autres puissances, l'Angleterre est liée par des traités anciens, et par conséquent d'une application douteuse, qui avaient réglé ce droit de la manière la plus libérale et la plus conforme à la loi internationale. Depuis 1713 jusqu'en 1786, toutes les conventions sont très positives et très claires ; elles enlèvent à la visite toutes les apparences d'un droit juridictionnel et déterminent avec le plus grand soin le mode de son exercice. Les papiers de bord du navire neutre suffisent pour remplir le double but que l'on se propose : établir la nationalité du navire et, s'il y a lieu, l'innocuité de la cargaison. Cependant quelques actes, et notamment la convention imposée, en 1801, par l'Angleterre aux trois cours du Nord, après le premier bombardement de Copenhague, ont des principes absolument contraires à cette jurisprudence, mais parfaitement conformes au système particulier de la Grande-Bretagne. En présence de cette contradiction, quelle sera la règle de conduite? Si, comme on peut le craindre, les Anglais veulent appliquer leur système, les neutres seront exposés à toutes les vexations, à toutes les persécutions qu'ils ont eu à subir au commencement de ce siècle.

La question relative aux navires convoyés est également restée sans solution. Toutes les autres nations soutiennent que les navires de commerce sont exempts de la visite lorsqu'ils sont accompagnés, convoyés par un bâtiment de guerre. L'Angleterre seule persiste à vouloir soumettre à ce droit les navires escortés comme ceux qui naviguent isolément. Cette question a été vivement débattue pendant les guerres de 1755, 1765, 1778, 1793 et 1803; elle a même donné lieu à des conflits sanglants entre les neutres et les belligérants. Si un très grand nombre de traités récents ont consacré le principe que les navires convoyés sont exempts de la visite, on doit observer que l'Angleterre n'est partie dans aucun de ces actes ; elle n'a consenti sur ce point qu'une seule convention, celle de 1801, qui résout le problème dans un sens complétement opposé et soumet les navires convoyés à la visite.

Dans toutes les difficultés que soulève l'exercice du droit de visite, quel parti adoptera l'Angleterre? Telle était la question qu'on se posait en voyant cette puissance à la veille de courir aux armes. Aujourd'hui la guerre s'est éloignée, mais la question reste. L'Angleterre belligérante renoncerait-elle à ses anciennes prétentions pour se ranger aux règles admises par les autres peuples? On doit l'espérer, puisqu'elle s'est prononcée avec tant d'énergie contre un abus du droit de visite, abus qu'elle avait pratiqué autrefois et qu'elle repousse, sans doute, aujourd'hui aussi bien pour les autres que pour elle-même.

Dans un assez grand nombre de conventions récemment conclues avec les nouveaux Etats fondés en Amérique, les Etats-Unis ont introduit une modification essentielle dans l'exercice de la visite. D'après toutes les stipulations internationales, le croiseur qui veut visiter un navire doit s'arrêter à une assez grande distance (à une portée de canon en général) et envoyer une embarcation à bord. Dans les actes dont il est question, les Etats-Unis ont supprimé cette condition et l'ont remplacée par celle de s'arrêter aussi loin que le permettront « l'état de la mer et du vent et le degré de suspicion inspiré par le bâtiment visité. » Cette modification est très importante ; elle change complétement le caractère de la visite, mais elle n'a pas été encore acceptée par les puissances européennes. A peine les hostilités étaient commencées entre les deux fractions de la république de l'Amérique du Nord, qu'un événement est venu prouver combien il est nécessaire de maintenir une distance assez grande entre le croiseur et le navire visité. Un bâtiment de guerre des Etats-Unis le *San-Jacinto*, voulant visiter un navire français, *le Jules et Marie* du Havre, s'approcha tellement près de lui que, soit brutalité, soit maladresse, il l'aborda et le démâta.

Le premier principe posé par la déclaration du 16 avril 1856, l'abolition de la course, ne pourrait recevoir son application dans une guerre entre une nation européenne et les Etats-Unis. Le gouvernement de Washington a refusé de l'admettre ; il n'a pas voulu briser la seule arme avec laquelle il pût combattre ses ennemis. Ces derniers, de leur côté, auraient recours aux mêmes armes. La course se trouverait rétablie de fait avec tous ses inconvénients et ses dangers pour les neutres.

La déclaration de 1856 veut que, pour être obligatoires, les blocus soient effectifs, c'est-à-dire maintenus par des forces suffisantes pour interdire l'accès du rivage. La définition donnée par les traités de 1780 et de 1800, relatifs à la neutralité armée, était plus précise : le port bloqué est celui où il y a, par la disposition de la puissance attaquante, des bâtiments *arrêtés et assez proches* pour rendre l'entrée dangereuse. Mais là n'est pas le défaut principal de l'acte nouveau, défaut qui, au reste, se trouvait également dans les autres. Tous laissent subsister les droits de prévention et de suite, si contraires à tous les principes et si redoutables pour les peuples pacifiques. Sans doute, les Américains sont liés avec presque tous les Etats par des traités qui permettent au navire neutre de venir vérifier, par lui-même, l'existence réelle de l'investissement. Dans ce système, qui est celui de la France et qui a été adopté par presque toutes les nations, il n'y a violation de blocus et, par conséquent, lieu à saisie et à confiscation, que dans le cas où le navire neutre arrivé sur le lieu et après avoir été averti de l'existence du blocus par l'un des bâtiments chargés de le former, se présente une seconde fois, pendant le même voyage, pour entrer dans le port fermé. Mais aucune stipulation de cette nature n'a été consentie par l'Angleterre. Si elle prétendait maintenir tous les abus du blocus fictif que nous avons décrits plus haut, la déclaration de 1856 ne serait qu'un vain mot. Cette déclaration n'a pas encore reçu une complète application ; aucune guerre maritime sérieuse n'a encore troublé l'Océan depuis qu'elle a été promulguée ; il est donc difficile de savoir exactement comment les signataires de cet acte, et particulièrement l'Angleterre, l'interpréteront. Cependant, il est possible de tirer des inductions assez précises de la conduite tenue par ces puissances à l'égard des deux parties belligérantes, qui, depuis quelques mois, divisent l'ancienne république américaine.

Dès l'ouverture des hostilités entre les Etats-Unis du Nord et les confédérés du Sud, l'Angleterre déclara qu'elle admettait la légitimité de la guerre de la part des deux parties ; qu'elle entendait conserver entre elles une exacte neutralité, et qu'elle ne reconnaîtrait comme valables que les blocus effectifs. La question est donc parfaitement posée, et la conduite de l'Angleterre peut montrer ce qu'elle entend par un blocus effectif. Peu de temps après l'ouverture des hostilités, le chef d'escadre Prendergast notifia le blocus des côtes de la Caroline du Sud et de la Virginie. Cet investissement était évidemment fictif ; celui qui le déclarait n'avait sous ses ordres que cinq ou six bâtiments ; il ne pouvait donc pas bloquer, d'une manière effective, une côte qui a plus de cent lieues marines d'étendue ; le prétendu blocus ne pouvait être qu'une simple croisière. Cependant, plusieurs navires marchands anglais ont été saisis ; ils ont été condamnés par la cour d'amirauté américaine, comme coupables de violation de blocus.

L'Angleterre est très portée à soutenir ses sujets à l'étranger ; quelquefois même elle les protége lorsque leur conduite est répréhensible. Néanmoins, dans cette circonstance, elle n'a fait aucune réclamation. Elle a donc reconnu, comme réel et effectif, un blocus fictif, ou, ce qui est la même chose, un blocus par croisière. De ce fait important, il est permis de conclure que cette puissance, qui, en sa qualité de neutre, regarde comme effectif un blocus par croisière, et souffre que les bâtiments de ses sujets soient confisqués pour l'avoir violé, ne changera pas d'avis lorsqu'elle sera belligérante. Ainsi donc, sur ce point encore, les nations neutres sont exposées à voir leurs droits violés, comme ils l'ont été de 1806 à 1814. Les blocus fictifs, accompagnés des droits de prévention et de suite, sont une menace de ruine suspendue sur leurs marines marchandes.

Le principe que le pavillon neutre couvre la marchandise ennemie, à l'exception de la contrebande de guerre, a été admis par la déclaration du 16 avril ; il avait déjà été proclamé par tous les peuples navigateurs et par l'Angleterre elle-même. Il est vrai que, depuis la fin du XVIII° siècle, elle a toujours refusé d'admettre cette base essentielle du droit des neutres dans les actes qu'elle a consentis. Elle a même imposé le principe contraire à plusieurs nations, et notamment, en 1794, aux Etats-Unis, en 1810 et en 1842, au Portugal. Elle s'est départie de ce système en signant la déclaration de 1856. Elle se trouve donc engagée envers tous les peuples représentés au congrès de Paris, et envers tous ceux qui, depuis, ont adhéré à la déclaration, c'est-à-dire envers tous les Etats civilisés, l'Amérique du Nord exceptée, à respecter, lorsqu'elle sera belligérante, la propriété ennemie couverte par le pavillon ami.

La Grande-Bretagne mise à l'épreuve eût-elle respecté ses engagements? Il faut le croire; cependant on serait tenté d'en douter en songeant au passé de cette puissance navale, qui a toujours cherché et trop souvent réussi à rejeter sur les neutres les conséquences de la guerre. Les doutes que des faits anciens peuvent faire naître sur les intentions de l'Angleterre se trouvent encore aggravés par la manière dont le peuple et le Parlement lui-même ont accueilli la déclaration du 16 avril. Dès le mois de juillet 1857, ont voit un membre de la Chambre des communes attaquer cette partie du traité avec une très grande vivacité, faire ressortir toutes les graves conséquences que doit entraîner son exécution pour la prospérité maritime du pays, et terminer en déclarant que l'Angleterre ne consentira jamais à admettre que le pavillon neutre puisse couvrir la propriété ennemie. Cette opinion n'était pas celle d'un individu isolé; ce qui prouve que M. Lindsay était réellement l'organe du sentiment du peuple anglais, c'est que les ministres présents à la séance ne crurent pas devoir se lever pour rappeler le député au respect dû à un traité signé, quelques mois auparavant, par la souveraine de la Grande-Bretagne; c'est que l'incident se termina par cette déclaration, au moins étrange, qu'en cas de guerre maritime le gouvernement s'adresserait à la Chambre des communes, pour être relevé des obligations contenues dans le traité de Paris. A la Chambre Haute, il est vrai, un noble lord crut devoir soutenir la déclaration vivement attaquée par plusieurs de ses collègues, mais les arguments mêmes dont il se servit ne sont pas de nature à dissiper toutes les craintes. Lord Clarendon, pour défendre le traité, répondit que l'adoption de ce principe par l'Angleterre est une question de *politique* et non pas de *droit;* il montra les Etats-Unis d'Amérique, avec leur puissante marine, toujours disposés à protéger les neutres, et, par conséquent, pouvant forcer l'Angleterre à renoncer à ses anciens usages. Si les Etats-Unis devenaient belligérants, l'Angleterre n'aurait plus la même raison politique pour exécuter la déclaration. Il est donc permis de croire que la Grande-Bretagne n'est pas encore complétement convertie aux droits des neutres, et qu'elle se réserve la liberté d'agir selon ses intérêts.

En résumé, la contrebande de guerre et la visite, omises par l'acte de 1856, ne sont réglementées que par des traités anciens, qui peuvent être considérés comme abrogés, et qui d'ailleurs n'ont jamais été complétement exécutés. L'abolition de la course reste sans application possible dans toute guerre qui éclaterait entre les Etats-Unis et une autre nation. Le principe que le pavillon couvre la marchandise paraît devoir être d'une exécution très difficile. Enfin, les blocus effectifs se trouvent transformés en blocus fictifs ou par croisière, et sont accompagnés des prétendus droits de prévention et de suite.

Toutes, ou du moins presque toutes les questions soulevées par la neutralité sont donc restées sans solution. Les abus qui se sont produits à une autre époque peuvent se reproduire. Les nations qui désirent garder la neutralité sont encore menacées de subir les conséquences d'une guerre qu'elles n'ont pas provoquée et qui ne devrait pas les atteindre.

N'existe-t-il aucun moyen de conjurer ce danger et d'assurer à tous les peuples, neutres ou belligérants, le plein et entier exercice de leurs droits, en les contraignant à remplir exactement leurs devoirs? Ce moyen existe, mais avant de l'indiquer, il est indispensable de bien établir les sources du mal auquel il s'agit de porter un remède efficace.

Une cause première, dont l'importance ne saurait être contestée, exerce une influence funeste sur le sort des neutres : c'est l'absence de règles adoptées par tous les peuples, reconnues, respectées par tous, d'une sorte de code maritime international. Sur terre, le besoin de lois de cette nature ne peut se faire sentir. En effet, en quelque pays civilisé que se trouve un homme, il est sur le territoire d'une nation qui a ses lois, ses règlements ; il est dans l'obligation et même dans la nécessité de les observer et de les respecter ; la puissance territoriale le saisit à son entrée sur le domaine privé du peuple qu'il vient visiter. Sur mer, il n'en est pas ainsi. L'Océan est libre ; il n'appartient à aucun peuple ; il est commun à tous ; tous le parcourent avec un droit égal; tous s'y rencontrent avec leurs mœurs, leurs usages, leurs lois. Sur cet espace indépendant, chacun reste indépendant. Mais il résulte de cette position même une foule d'occasions de conflits qu'il serait important de prévenir par des règlements précis. Une loi commune à tous les navigateurs est donc indispensable. Mais aucun peuple au monde n'a le droit de promulguer un code de la mer, exécutoire pour toutes les nations. Une pareille loi, nécessaire à la sécurité et à l'indépendance des peuples, ne peut être faite que par la réunion de tous les intéressés.

Le mal que nous avons signalé a une autre cause plus importante encore. Il est un fait qui n'a pu échapper à aucun écrivain, à aucun observateur attentif, c'est que l'oppression des nations neutres n'existe et ne peut exister que lorsque l'un des belligérants est la puissance prépondérante sur mer. Il ne saurait en être autrement. Si la guerre éclate entre deux peuples de forces à peu près égales, chacun d'eux, complétement occupé à combattre son ennemi, a un intérêt puissant à ménager ceux qui sont restés spectateurs de la lutte ; il remplit ses devoirs envers tous, afin de ne pas augmenter le nombre de ses adversaires. Il n'y a donc pas, il ne peut pas y avoir d'oppression. Il en est de même si un ou plusieurs des peuples neutres sont assez puissants pour pouvoir défendre leur indépendance attaquée. La crainte de les offenser, de les forcer à prendre les armes, retient la nation en guerre dans la ligne exacte de ses devoirs. Si, au contraire, le belligérant est le peuple le plus puissant sur mer, si, supérieur de beaucoup à son adversaire, il est en état de le combattre avec une partie de ses forces seulement, tandis que l'autre reste disponible pour effrayer et au besoin pour frapper les peuples neutres qui voudraient défendre leurs droits méconnus, l'oppression est possible, et, il faut le dire, du moment qu'elle est possible, elle est mise en pratique.

L'absence d'un équilibre maritime est donc la principale cause du mal. Il est remarquable que les peuples européens qui ont fait tant et de si longues guerres, dépensé tant de trésors, versé tant de sang pour établir la pondération des puissances continentales, semblent avoir complétement méconnu l'importance d'un équilibre sur mer. La nécessité d'un contre-poids n'en est pas moins clairement établie, et l'histoire nous enseigne où nous devons le chercher.

En 1669, l'Angleterre et la Hollande s'étaient réunies contre la France ; elles avaient décrété un blocus fictif de toutes les côtes de leur ennemie ; c'était plus même qu'un blocus fictif, c'était une sorte d'interdit général jeté sur les Etats du roi très chrétien. Tout commerce était défendu avec les pays désignés dans la proclamation des deux alliées. En vertu des fameux droits de prévention et de suite, elles arrêtaient sur toutes les mers et confisquaient tous les navires neutres qui faisaient route vers les ports de la France ou qui en étaient sortis. Les peuples pacifiques firent entendre les plus vives réclamations, mais en vain. Deux puissances très respectables, quoique secondaires, la Suède et le Danemark, se coalisèrent pour résister à ces actes tyranniques et sauver le commerce et la navigation de leurs sujets. Elles firent escorter les bâtiments marchands par des vaisseaux de guerre, avec ordre de résister aux exigences injustes des croiseurs, et menacèrent de déclarer la guerre à celui des belligérants qui oserait porter atteinte à leurs droits et à leur indépendance. A cette époque, l'Angleterre et la Hollande n'avaient pas trop de toutes leurs forces pour lutter contre la marine de la France ; elles craignirent de s'attirer de nouveaux adversaires et n'osèrent pas exécuter les menaces de leur proclamation envers les deux puissances du nord. C'est la première ligue des neutres mentionnée par l'histoire ; on voit qu'elle atteignit son but immédiat.

En 1780, lorsque la France prit parti pour les colonies du nord de l'Amérique révoltées contre leur métropole, la Grande-Bretagne prétendit mettre en pratique contre les neutres toutes les rigueurs de ce qu'elle appelait ses lois particulières. La Russie, la Suède, le Danemark et la Prusse se réunirent alors, et formèrent l'alliance connue sous le nom de *neutralité armée*. Les coalisés s'engagèrent à défendre avec énergie leurs droits, trop souvent méconnus et foulés aux pieds par les nations en guerre. Chacun d'eux dut armer un certain nombre de vaisseaux et de frégates, non pour attaquer les belligérants ou pour faire la guerre, mais pour établir des croisières chargées de veiller à la sûreté de leurs sujets sur mer, pour escorter les navires de commerce et les protéger contre les entreprises injustes dont ils pouvaient être victimes. Les quatre puissances s'engagèrent en outre à soutenir, avec toutes leurs forces, celle d'entre elles qui pourrait être attaquée à l'occasion de l'union, et, par conséquent, à faire la guerre à l'agresseur. Cette alliance fut notifiée à toutes les nations maritimes pacifiques et belligérantes. Tous les peuples neutres y adhérèrent et entrèrent dans la coalition. La France, l'Espagne, les Etats-Unis, et plus tard la Hollande, applaudirent à cette innovation et approuvèrent les principes proclamés par les alliés. L'Angleterre protesta contre ce qu'elle appelait une violation des traités et un attentat contre ses droits de puissance belligérante ; mais peu jalouse de réunir contre elle toutes les forces des Etats secondaires et surtout de voir tous les ports de l'Europe fermés à son commerce, elle se résigna en fait à respecter les droits des peuples pacifiques.

Les traités constitutifs de la neutralité armée contiennent tous l'énonciation de quelques-uns des principes fondamentaux du droit maritime, et forment par conséquent une ébauche d'un code universel des mers.

La guerre de 1793 exposa les neutres aux mêmes dangers que la précédente ; une neutralité armée fut tentée, mais, en présence de la haine profonde excitée par les principes et les excès de la Révolution française, elle resta sans effet. En 1800, la Grande-Bretagne, profitant de son immense supériorité maritime et de la préoccupation des grandes puissances européennes, accablait les neutres de vexations. La Russie, la Suède, le Danemark et la Prusse se réunirent de nouveau pour la défense de leurs droits et de leurs intérêts, et signèrent les traités constitutifs d'une neutralité armée, sur les bases de celle de 1780. L'Angleterre n'avait pas oublié que la première coalition l'avait forcée à renoncer aux avantages qu'elle est habituée de tirer de toutes ses guerres maritimes. Elle craignait, d'ailleurs, que cette alliance, si elle se renouvelait ainsi, passât dans les habitudes des peuples neutres, et devînt une sorte de droit, dont le résultat immédiat eût été de créer un contre-poids presque permanent à sa puissance navale. Elle résolut de la rompre à tout prix, et, pour y parvenir, de frapper un coup terrible, qui non-seulement anéantît la réunion existante, mais encore effrayât ceux qui, dans l'avenir, auraient la pensée de tenter une semblable entreprise. Les traités avaient été signés au mois de décembre 1800 ; dès que la fonte des glaces de la Baltique permit de pénétrer dans cette mer, et avant que la Suède et la Russie eussent pu envoyer leurs contingents, le 2 avril 1801, sans aucune déclaration de guerre, la flotte danoise fut anéantie, dans le port même de Copenhague par les forces anglaises, après un combat des plus acharnés et dont le résultat fut quelque temps douteux.

Cet événement n'eût pas suffi cependant pour rompre l'alliance : mais la mort tragique de Paul Ier, empereur de Russie, arrivée à la même époque, lui porta un coup fatal, dont elle ne put se relever. Abandonnés par la Russie, dont le nouveau souverain s'était jeté dans les bras de l'Angleterre, privés de la moitié de leurs forces, la Suède et le Danemark durent subir la loi du plus fort.

De ces faits historiques, il résulte donc que, pour éviter aux peuples neutres les immenses désastres dont les menace toute guerre maritime dans laquelle la nation prépondérante sur l'Océan se trouve engagée, il est indispensable de créer à cette puissance un contre-poids et d'établir sur mer l'équilibre qui existe sur le continent européen.

Il est donc nécessaire de donner aux relations internationales maritimes des règles générales, reconnues par toutes les nations, qui assurent à toutes, et à chacune en particulier, la libre et entière jouissance de son indépendance, même lorsque la guerre vient rompre les rapports de quelques-unes d'entre elles. Depuis longtemps les auteurs les plus accrédités ont réclamé avec instance cette législation universelle. Il suffira de citer l'abbé Galiani, Azuni, Klüber, Ortolan et Massé ; nous-même nous avons souvent demandé de voir enfin tous les peuples s'entendre pour rédiger un code des mers. La plupart des Etats ont émis le vœu que les questions toujours litigieuses de la neutralité soient enfin tranchées d'un commun accord. Tout récemment encore, la presse russe et la presse française'ont élevé la voix dans le même sens. La nation américaine vient, par l'organe de son ministre des affaires étrangères, M. Seward, de recommander, quoique d'une manière peu explicite, cette importante solution à l'attention de la Grande-Bretagne. Mais il faut se hâter, c'est actuellement, c'est, autant que possible, pendant la paix qu'il faut régler les droits de la guerre.

Les traités destinés à fonder le code maritime doivent être rédigés d'une manière uniforme et prévoir toutes les circonstances du droit des neutres et toutes celles qui, dans la navigation, peuvent intéresser les rapports des nations entre elles; ils seront déclarés perpétuels pour ces dispositions fondamentales. Les parties contractantes s'imposeront l'obligation de faire insérer dans toutes les conventions de commerce et de navigation par elles consenties les mêmes stipulations, de manière à arriver, dans le plus bref délai possible, à les faire adopter par tous les peuples et à l'égard de tous les peuples. Pour atteindre plus promptement le but, chacune d'elles dénoncera, dès qu'elle le pourra légitimement, les conventions existantes, pour les remplacer par les nouvelles.

Ces traités pourraient être conclus au moyen de négociations séparées, sur l'initiative d'une ou de plusieurs des nations intéressées. Cependant il serait peut-être préférable de confier à un Congrès, dans lequel tous les peuples seraient représentés, le soin de faire la loi destinée à les régir tous. Elle serait ainsi acceptée par le plus grand nombre des Etats et bientôt adoptée par ceux qui n'auraient pas pu assister au Congrès. L'Angleterre elle-même, si elle ne donnait pas l'exemple, finirait par le suivre. Elle connaît trop bien son propre intérêt pour exposer son commerce à être repoussé de presque tous les autres pays, et pour s'exposer elle-même, sans de justes motifs, à une coalition maritime générale.

Mais il ne suffit pas de proclamer des lois, il est indispensable d'assurer leur exécution par tous sans exception, même par les plus puissants, et de donner aux peuples restés neutres dans une guerre la force nécessaire pour former un contre-poids à la prépondérance des belligérants.

Pour atteindre ce but, il suffirait de suivre les exemples que nous ont donnés les peuples du Nord, et de créer, en 1862, une coalition de neutralité armée semblable à celles de 1669 et de 1780, qui, en réunissant en un seul faisceau les forces éparses de tous les neutres, assurerait à tous et à chacun le respect et la sécurité qu'ils ne peuvent obtenir lorsqu'ils sont isolés.

Jamais époque ne fut plus favorable pour la réalisation d'un pareil projet. Pendant une longue paix maritime, toutes les nations ont étendu leur commerce et leur navigation dans des proportions jusqu'ici inconnues. Les découvertes de la science et de l'industrie ; la rapidité et la régularité des communications de toute nature, favorisées par les applications de la vapeur et de l'électricité, ont donné aux transactions un développement prodigieux. Tous les peuples ont donc un intérêt immense à prévoir les accidents susceptibles de troubler cette prospérité et à empêcher que les conséquences d'une guerre étrangère viennent interrompre leur commerce ou porter un coup fatal à leur marine.

D'un autre côté, la seconde puissance navale du monde, celle qui, depuis plus d'un siècle, a fait les plus constants efforts pour assurer à toutes les nations la liberté et l'indépendance sur l'Océan, la France semble, comme ses intérêts bien entendus l'y portent, devoir rester neutre dans toute lutte maritime prochaine. Avec ses forces, avec sa loyauté bien connue, elle deviendra la tête de la nouvelle coalition de neutralité armée, en même temps qu'elle sera l'un des plus fermes appuis des principes libéraux qu'elle a si énergiquement soutenus. Autour d'elle viendront se grouper toutes les autres nations maritimes, qui, ainsi réunies, formeront un ensemble assez formidable pour contrebalancer la supériorité navale des belligérants. Dans cette ligue puissante, tous les membres trouveront la sécurité de leur commerce international, la garantie de leur indépendance, sans être jamais exposés à se voir entraînés, malgré eux, à prendre une part active dans une lutte à laquelle ils sont et désirent rester étrangers. L'équilibre maritime, si important pour le repos et la liberté de l'univers, sera établi. Formé en prévision de la guerre, il subsistera pendant la paix et deviendra un élément définitif des relations internationales des peuples civilisés.

L'Angleterre, pas plus qu'aucune autre nation, ne saurait se montrer offensée de la formation de la ligue de neutralité armée. Si, comme on doit le supposer, elle a l'intention de se conformer aux lois générales des nations et d'exécuter fidèlement et loyalement toutes les conventions qu'elle a consenties, l'union des neutres ne peut lui causer aucun préjudice, lui porter aucun ombrage. Cette association ne peut demander, et ne demandera en effet, que l'exact accomplissement des devoirs bien connus des belligérants, des règles de la jurisprudence internationale. Dans le cas où elle rencontrerait chez un peuple d'injustes prétentions, ce serait un motif de plus de réunir les forces isolées des neutres contre l'ennemi commun.

Il n'est pas nécessaire d'attendre que la guerre soit déclarée ou sur le point de l'être pour former la nouvelle union de tous les peuples ; il est même plus avantageux de profiter de la paix pour l'établir d'une manière stable. Le congrès chargé de la rédaction du code maritime universel peut constituer en même temps la neutralité armée, qui sera ainsi permanente comme la loi qu'elle est destinée à défendre. Les mêmes traités fonderont les deux institutions appelées à se prêter un mutuel appui.

Cette loi commune des nations et cette ligue de neutralité, conçues dans l'expectative des guerres à venir, seront un jour un des moyens les plus énergiques de maintenir la paix. Par elles se trouvera atteint un triple but, également désirable pour tous les Etats du monde : la protection efficace des droits naturels de tous les peuples, même les plus faibles, contre les entreprises des belligérants puissants ; la constitution d'un équilibre maritime, et enfin la création d'un code de la mer uniforme et accepté par toutes les nations.

Paris. — Imprimerie de Dubuisson et Cᵉ, rue Coq-Héron, 5.

BUREAUX D'ABONNEMENT, 4, RUE DU PONT-DE-LODI, A PARIS
ET A LA LIBRAIRIE **DENTU**, PALAIS-ROYAL

PARIS........ Trois mois, **14** fr. — Six mois, **26** fr. — Un an, **50** fr.
DÉPARTEMENTS. Trois mois, **15** fr. — Six mois, **29** fr. — Un an, **56** fr.
ETRANGER..... Le port en sus, suivant le pays.

REVUE

CONTEMPORAINE

(REVUE EUROPÉNENE ET ATHÉNÆUM FRANÇAIS)

RECUEIL UNIVERSEL FONDÉ LE 15 AVRIL 1852, ET RÉDIGÉ PAR DES MEMBRES DE L'INSTITUT,
DES SÉNATEURS, DES DÉPUTÉS, DES MEMBRES DU CONSEIL D'ÉTAT, DES MAGISTRATS,
DES OFFICIERS DE TERRE ET DE MER, DES PROFESSEURS ET LA
PLUPART DES ÉCRIVAINS DISTINGUÉS DE L'ÉPOQUE,

Paraissant deux fois par mois, le 15 et le dernier jour du mois, par volumes de 200 à
300 pages, et formant, chaque année, six gros tomes de 800 à 1,000 pages.

LA 2e SÉRIE A COMMENCÉ LE 1er JANVIER 1858

De nombreuses tentatives, jusqu'ici infructueuses, ont été faites pour
fonder en France un nouveau recueil bi-mensuel, politique et littéraire.
La *Revue Contemporaine* seule est parvenue à s'asseoir et à prendre place
définitivement dans la publicité. Elle doit ce résultat à l'unité de sa direction et à son indépendance, qu'elle a toujours maintenue, même au milieu
de circonstances difficiles ; elle le doit au talent de ses rédacteurs, à la
haute autorité qui s'attache aux travaux des hommes considérables qui lui
prêtent leur concours. Désireuse de justifier son titre, la *Revue* s'applique
à intervenir dans toutes les questions qui se produisent et à préparer la
solution de tous les problèmes que soulève notre époque. Elle appelle
tous les bons esprits à prendre part à cette œuvre de bien et de progrès ;
et sans leur imposer d'autres lois que celles que tout homme d'honneur
peut accepter, sans plier ni leurs idées ni leur style à des exigences particulières, elle fait concourir les intelligences les plus diverses à un but
commun et parfaitement défini. Là est l'originalité de la *Revue*.

Cette originalité se retrouve également dans le soin que la direction
apporte à tenir le lecteur au courant de toutes les manifestations de
l'esprit humain. Ainsi, outre les grandes études que la *Revue* publie sur
tous les sujets contemporains, ou du moins sur les sujets renouvelés par
des découvertes ou des points de vue nouveaux, elle suit pas à pas la
marche des connaissances humaines, et, sous la forme de *chronique*, elle
passe en revue les affaires politiques, les progrès des sciences économi-
ques, historiques, géographiques, archéologiques, le développement des
sciences naturelles et mathématiques, la littérature, les arts, tant à
l'étranger qu'en France, et constitue ainsi le recueil le plus varié et le
plus intéressant qui existe.

Paris, imprimerie de Dubuisson et Ce, rue Coq-Héron, 5.   3565